JN099163

アルケミスト双書　タロットの美術史〈6〉

運命の輪・力

鏡 リュウジ

★

Wheel of Fortune & Strength

Ryuji Kagami

はじめに

タロットの切札の旅も、ここで中間地点を迎える。

オーソドックスな切札のシークエンスのほぼ中央に配置される

「運命の輪」は、物語構造で言えば起承転結の「転」にあたる。

人生の物語は、必ずどこかで思いがけない変「転」に直面するものだ。

下にあったものが上になり、上にあったものが下になる。

この世における人生の変転を、西欧において人々は

運命の女神が回転させる車輪として表象してきたのである。

古代社会においては、「運命の輪」は宿命の女神が紡ぎ出す

変えがたい宇宙の必然の力、すべてを統べる秩序の糸の源だとされてきた。

あるいは運命の車輪は、気まぐれに人の人生を左右する

幸運の女神の不安定な働きとみなされることもあった。

いずれにせよ、「運命の輪」は人間の意志ではどうにもならない、

自律的な人生を左右する力として感知されてきたのである。

それに続く「力」はどうだろう。切札における「力」の番号は

前巻で述べたようにいくつかのバージョンがあるが、

「運命の輪」に続くカードとして考えると、

栄枯盛衰のこの世の中でも不動、不屈の心の安定を示すようにも映ろう。

危険で荒々しい獅子を手なずけることができるのは、

運命の潮目の変化に動じることなく、内的世界、そして外的世界と

穏やかに向き合うことができる「力」なのではないだろうか。

鏡 リュウジ

フランチェスコ・ペトラルカ著『順逆両境への対処法』より《運命の輪》
1503　フランス国立図書館蔵（パリ）

ウェイト゠スミス版〈運命の輪〉
Waite-Smith Tarot
1910　イギリス／ロンドン　夢然堂蔵

運命の輪

Wheel of Fortune

　　人生において絶頂の時は長くは続かない。ある
いはどん底から好転することもある。「運命の
輪」はそのように予測不能な人生を表象している。そ
の陰には運命の女神フォルトゥナがいて、彼女は運
命の車輪をくるくると回し続けているという。

運命の輪 / *Wheel of Fortune*

偶然か、あるいは必然か
人生の浮き沈みを暗示

万物は流転する。同じ川に人は二度と入ることはできない。一方で、太陽の下に新しいものはない。生成消滅するこの世界の流動性と、そしてその生成消滅が繰り返されるという周期的再現性を同時に示すシンボルとして、「車輪」ほど見事なものはないだろう。宇宙の星の誕生と消滅から、ささやかな微生物の生と死まで、「運命の輪」が支配しているように見える。

とくにタロットの「運命の輪」は、人生における栄枯盛衰を示しているように見える。その伝統はタロットそのものより古いローマの時代にさかのぼる。

ローマの哲学者ボエティウスによれば、運命の輪を回すのは幸運の女神フォルトゥナであり、ボエティウスは彼女にこのように語らせている。

「これはみな私（フォルトゥナ）の力、これは私の絶え間ない遊び、丸い輪を気ぐれに回しながら、物事の場所を変え、低いものを高く、高いものを頂きに、一番高いものを一番低いところに変えながら、私は楽しむ」。

しかしそれは本当に気まぐれなのか。そこには宇宙の秩序や法則、リズムがあるのではないか。偶然の中に必然の理があるのではないかと人は思いを巡らす。

くるくると回り続ける運命の車輪。そこに人は、この偶然と必然のドラマのパラドクスを見るのである。

ジョン・メルフィシュ・ストラドウィック
《運命の三女神：クロートー、ラケシス、アトロポス》(部分)
1885　テート蔵 (ロンドン)

ヴィスコンティ・スフォルザ版
〈運命の輪〉

Visconti-Sforza Tarot
1480–1500頃　イタリア／ミラノ
モルガン・ライブラリー・アンド・
ミュージアム蔵（ニューヨーク）

現存する最古のタロットのひとつ。
運命の車輪に乗る人物たちにはそ
れぞれ「私は支配するだろう（Reg-
nabo）」「私は支配する（Regno）」「私
は支配した（Regnavi）」「私は支配
権を持たない（Sum sine regno）」と
いう句が添えられている。これは
「運命の輪」に定型の文言だ。

名画に見る〈運命の輪〉

『カルミナ・ブラーナ』より
《運命の輪》

1230頃　写本挿絵
バイエルン州立図書館蔵
（ミュンヘン）

ヴィスコンティ・スフォルツァ版〔9頁〕と同様、車輪の中央に運命の女神フォルトゥナが鎮座しているが、彼女は目隠しをしておらず、空白の巻物を掲げている。右側では頂点にいたはずの王が転落するさまが表されている。

作者不明のパリジャンのタロット
〈運命の輪〉

Tarot Anonyme de Paris
1600-50頃　フランス／パリ
フランス国立図書館蔵（パリ）

ヴィスコンティ版〔9頁〕に見ら
れる運命の女神は、ここでは姿
を消している。車輪のスポーク
が星のように見える。運命を司
る星という占星術のイメージも
あるのだろうか。

タロッキ・フィーネ・
ダッラ・トッレ
〈運命の輪〉

Tarocchi Fine dalla Torre
17世紀　イタリア／ボローニャ
フランス国立図書館蔵（パリ）

17世紀のボローニャで制作された
タロットの中でも最古のパックのひ
とつに数えられる。「運命の輪」を
支えているのが根を張った樹木の
ように見える点に注目してほしい。
現代の視点から見ると運命の力が
この生態系の循環と深く関わって
いることを連想させる。

ミンキアーテ版
〈運命の輪〉

Minchiate Tarot
1860–90頃　イタリア／フィレンツェ
フランス国立図書館蔵（パリ）

16世紀のフィレンツェを発祥の地
とする97枚セットのタロットパッ
ク。車輪の頂点にいるのが愚かな
ロバであることは、人生の絶頂で
有頂天になる人間への皮肉だろう
か。一方、車輪の浮き沈みから「降
りて」いるような地面の人物は書
物を読んでいる。

ff plannt

O tu hõie pourquar
de mõy ....

名画に見る〈運命の輪〉

〈哲学に慰められるボエティウスと
車輪を回すフォルトゥナ〉
1460-70頃　写本挿絵
J・ポール・ゲッティ美術館蔵(ロサンゼルス)

反逆罪に問われた古代ローマの哲学者ボエティウス
が獄中で著した『哲学の慰め』の一場面。女性の姿
をした「哲学」(左)が、フォルトゥナ(右)は気ま
ぐれに人間の運命を左右するが、それに惑わされず、
永遠の真理を好む賢明な人であれと説いている。

フランソワ・ド・ポワリーの
ミンキアーテ版
〈運命の輪〉

Minchiate by François de Poilly
1658–93　フランス
フランス国立図書館蔵（パリ）

17世紀フランスの版画家フランソワ・ド・ポワリーによ
るこのパックはオーソドックスなタロットではなく、「運
命の輪」は典型的な「幸運の女神」の図像として描かれ
る。不安定な車輪に乗り、好機の象徴としての髪を前方
になびかせる。そう、好機は後からはつかめないのだ。

16

ミテッリ・タロッキ
〈運命の輪〉

Tarocchini Mitelli
1660~70頃　イタリア
フランス国立図書館蔵（パリ）

幸運の女神は車輪に腰かけている。
それはいかにも不安定である。女
神がばらまく硬貨は、あぶく銭を
示すように見える。いっとき潤っ
たとしてもそれは長くは残りそう
もない。17世紀イタリアのボロー
ニャで活躍した画家ジュゼッペ・
マリア・ミテッリによる62枚のタ
ロッキーニのうちの1枚。

名画に見る〈運命の女神〉

アルブレヒト・デューラー
《ネメシス（運命の女神）》

1501-02　エングレーヴィング
33.3×23.1cm
メトロポリタン美術館蔵（ニューヨーク）

ネメシスはギリシャ神話の報復の女神で、人間の高慢に対して神罰を下す力を持つ。フォルトゥナと同一神ではないが、予測不可能な運命を象徴する球体の上に立つこともあるフォルトゥナの図像が採り入れられている。

SOCRATES

HVC PROPERATE VIRI
SALEBROSVM SCANDITE
MONTEM
PVLCHRA LABORIS ERVNT
PREMIA PALMA QVIES

CRATES

ピントゥリッキオ
《運命と美徳》

1504　床面モザイク
シエナ大聖堂蔵

フォルトゥナはここでは不安定な球体の上に
右足を、マストが折れた船の上に左足を置い
ている。彼女が掲げる帆は風をはらみ、風向
きによって左右される運命を暗示するが、10
人の賢者たちは無事に岸へと導かれている。

マルセイユ版タロットの世界

文・夢然堂

各パックとも、水上ないし地上に設えられた「運命の輪」上に、3種の奇妙な生き物が描かれている。一部、かろうじて人らしい顔も見られるが、概して動物めいた姿である。人間の愚かさを風刺した戯画（カリカチュア）であろうか。

古い写本類の「運命の輪」図には、描かれた人物ないし動物をヨーロッパ封建社会の三職分になぞらえた図がいくつか見られる。すなわち、祈る人＝聖職者、戦う人＝貴族、働く人＝庶民、である。前2者を「教皇」と「皇帝」、残るひとつを「奇術師」に対応させると、以下の等式が成り立つ。

10（運命の輪）＝5（教皇）＋4（皇帝）＋1（奇術師）

「奇術師」には第1巻で記した職人の他、さまざまな庶民の姿を読み取ることができるが、卓上に貨幣を並べた「両替商」もそのひとつである。

第5巻「正義」の章で触れたとおり、マルセイユ版にはフィレンツェとのつながりがところどころに垣間見える。かの地で庶民から身を起こした後、教皇を輩出し皇帝とも渡り合う名家にまで上り詰めたメディチ家の存在が、自ずと連想されるところである。

本書で紹介されている図版群にも見られるように、古典的な「運命の輪」図では、描かれる人物は4人であるのが一般的である。それを踏まえるなら、無番号で上記の足し算に影響を与えない「愚者」を加えるのもよいかもしれない。「奇術師」も「愚者」も、ゲームにおいては最終的に「皇帝」や「教皇」をしのぐ特別な力を与えられる札である。「運命の輪」図が本来示す、人間の身の上の転変を表すものとして、これら4枚の取り合せは悪くないもののように思われる。

ルヴァンのニコラ・コンヴェル版
〈運命の輪〉

Tarot of Marseilles by Nicolas Conver
1860年代頃　フランス／マルセイユ　夢然堂蔵

カモワンのニコラ・コンヴェル版
〈運命の輪〉

Tarot of Marseilles by Nicolas Conver
19世紀末　フランス／マルセイユ　夢然堂蔵

ルノーのブザンソン版〈運命の輪〉

The Besançon Tarot by Renault
19世紀前半　フランス／ブザンソン　夢然堂蔵

ミュラー版〈運命の輪〉
Tarot of Marseilles by J. Muller
19世紀末頃　スイス／シャフハウゼン　夢然堂蔵

ヴィアッソーネのピエモンテ版〈運命の輪〉
Piedmont Tarot by Alessandro Viassone
1900年前後 (?)　イタリア／トリノ　夢然堂蔵

＊各パックについては第1巻「愚者・奇術師」〔17〜19頁〕で解説

グラン・エテイヤ
（タロット・エジプシャン）
〈運命〉

Grand Etteilla or Tarot Égyptien
1850～90頃　フランス／パリ
フランス国立図書館蔵（パリ）

18世紀末の占い師エテイヤが制作した
史上初の「占い専用タロット」。冠を被っ
た猿が指揮しているのだろうか、その
下で回転する車輪では人間が降下し、
げっ歯類のような動物が上昇する。幸
運の訪れを意味する札とされている。

古代エジプトの要素は
近代タロットのデザイン源に

エリファス・レヴィ著
『大いなる神秘の鍵』（1861）より
《運命の輪》

近代のオカルト的タロットの「運
命の輪」札のデザインに大きな影
響を与えた、19世紀のオカルト主
義者エリファス・レヴィの書物の
挿絵。車輪とともに描かれたスフ
ィンクスやエジプト神に注目。

オズヴァルト・ヴィルト・タロット
〈運命の輪〉

Oswald Wirth Tarot
1889　フランス／パリ
フランス国立図書館蔵（パリ）

左頁図のレヴィの挿絵との類似は明ら
かだろう。成長を促すヘルマヌビス（ギ
リシャ神ヘルメスとエジプトの冥界の
神アヌビスの習合）と、破壊的力を持
つ怪物テュフォンの上下運動をスフィン
クスが支えている。

ウェイト＝スミス版
〈運命の輪〉

Waite-Smith Tarot
1910　イギリス／ロンドン　夢然堂蔵

20世紀を代表するオカルト的タロット
のひとつ。聖書の「エゼキエルの幻視」
に着想を得ており、四隅に牡牛、獅子、
鷲、人の像、また運命の輪に「TARO」
あるいは「ROTA（車輪）」の文字が加
えられたのが大きな特徴。

現代のタロット／運命の輪

Fortune

01.

スロウ・タロット

The Slow Tarot by Lacey Bryant,
published by Modern Eden Gallery

🌐 laceybryant.com
📷 laceybryantart

アメリカ西海岸のアーティスト、レイシー・ブライアントの手になる作品。宿命の輪を背後に不気味なまでの存在感を見せる運命の女神が佇み、禍福を支配するようにコインを投げている。

02.

クチュール・タロット

The Couture Tarot by Megan Skinner

🌐 meganskinner.com
📷 meganaskinner

ファッション・マガジンから切り抜かれたイメージをコラージュ、伝統的なタロットの構図を創り上げたユニークなパック。「運命の輪」はまるでキュートなルーレットのようだ。

Wheel of Fortune X

WHEEL OF FORTUNE

03.

ホープレス・ファウンテン・キングダム

Hopeless Fountain Kingdom by Sveta Dorosheva,
created for Capitol Records,
Halsey's Hopeless Fountain Kingdom, 2017

🌐 svetadorosheva.com
📷 sveta_dorosheva

ミュージシャン、ホールジーのアルバム「ホ
ープレス・ファウンテン・キングダム」の
ためにキャピトル・レコードが依頼して制
作されたタロットイメージ。「運命の輪」に
はウロボロスの蛇を中心に奇妙な生き物た
ちが配置されている。

04.

ムーンチャイルド・タロット

The Moonchild Tarot by Danielle Noel

STARSEED DESIGNS INC.／Canada
ニチユー株式会社
🌐 pentacle.jp

ウェイト＝スミス版にインスパイア
されながら、古代のイメージを透明
感あふれるタッチで表現した美しい
デザイン。四隅の聖獣が古代文明の
石像なとに変容し、巨石の門が異世
界への扉となっている。

WHEEL OF FORTUNE

近現代絵画に見る

運命の輪

文・千田歌秋

―無情に回転する車輪、
翻弄される人間の
対比が際立つ

　運命の輪を回す大いなる存在は、世に君臨する王を失脚させ、虐げられた者を救い、人々に幸運や不運をもたらしていく。あるいは我々に興味など持っておらず、世界を変転させる任務を淡々と遂行しているだけかもしれない。

　バーン゠ジョーンズは、鎖に繋がれた奴隷、笏を持つ王、桂冠を戴く詩人を描いた。目隠しをせず輪を回すのは、気まぐれに幸運を授ける女神というよりも、苛烈な命運を課す至高者である。

　デルヴィルは、人生における繁栄と衰退を描くに留まらず、人類の神秘的な超越と堕落をも表現した。憔悴を見つめ車輪を回す老人は、巻き戻すことのできない時の不可逆性を表している。

エドワード・バーン゠ジョーンズ
《運命の車輪》
1875-83　油彩／カンヴァス　200×100cm
オルセー美術館蔵（パリ）

Love /恋愛

運命的な出会いの予感。ハプニングから始まる恋。
これまでの流れが大きく変わる。偶然を活かすこと。
一目惚れから始まる恋もある。
一方で、チャンスは気まぐれ。
安定的な関係を築くためにはこれまで以上の努力を
重ねることが必要になりそうだ。

Work /仕事

新しいチャンスがやってくる。状況が変化する。
この波に乗ることで次のステージに上がることができる。
投機的な仕事、ハイリスク・ハイリターンの業種。
幸運の後押しが得られる。一方で、努力では
コントロールしにくい事態も多いので、
迫ってくる波に臨機応変に対処することが吉。

Relationship /対人関係

これまでの人生、あるいは人間観を
変えるような出会いがあるかもしれない。
一見、頼りなさそうな人がこれからぐっと頭角を
現すこともあるので、すべての人に親切に。
思いがけない出会いやつながりが大きな幸運をもたらすことも。
ギャンブル、ゲーム好きの人とのつながりも暗示。

Strength

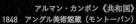

アルマン・カンボン《共和国》
1848　アングル美術館蔵（モントーバン）

ウェイト=スミス版〈力〉

Waite-Smith Tarot
1910 イギリス／ロンドン 夢然堂蔵

ひとりの女性が獰猛なはずの獅子にそっと触れ、やさしく手なずけている。「力」を表す伝統的な図像は、長らく猛獣と闘う男性が一般的だった。力ずくではなく、しなやかな強さこそ、タロットの「力」が伝えるメッセージである。

11

力 / *Strength*

獅子を懐柔するたおやかな女性が
強力なイメージを喚起

タロットには古代から尊重されてきた、人間にとって重要な「徳目」の寓意が含まれている。「正義」「節制」そしてこの「力」である。この3つに「賢慮」を加えて「四元徳」が完成するが、通常のタロットに「賢慮」が見当たらないのは大きな謎のひとつではある。

また、タロットの「力」札に見られる獅子や女性、柱などは伝統的な「力」の寓意ではあるのだが、タロットの「力」はその寓意像の定型に収まらない。多くの場合、柱とともに描かれるのは女性であり、獅子を退治する姿で「力」が擬人化される場合には、

《ライオンマン》
ホーレンシュタイン・
シュターデル洞窟発掘
3万5000～4万年前
象牙彫刻　ウルム博物館蔵

16世紀イタリアの図像学者チェーザレ・リーパによる「勇気」〔45頁〕にあるように男性なのだ。獅子を手なずける（ないし口を引き裂く）女性という構図は、タロット以外で見ることはほぼないのである。おそらくさまざまな寓意の象徴が習合してこの図になったのだと思われるが、たおやかな女性が恐ろしい野獣を懐柔するというこのパラドキシカルな構図が、結果的にタロットにさらに強い喚起力を与えることになった。

そもそも獅子は人類史の始まりの頃から強力なシンボルだった。人類最初の彫刻のひとつかもしれないとされる3万年以上も前の《ライオンマン》の存在は、タロット成立よりもずっと前から、この野獣の力と気高さが人の魂に強く働きかけてきたことを示している。タロットのイメージは、紙のゲームのタロットよりもずっと以前にその系譜の源を持っていることがわかるだろう。

ヴィスコンティ・スフォルザ版
〈力〉

Visconti-Sforza Tarot
1480–1500頃　イタリア／ミラノ
モルガン・ライブラリー・アンド・
ミュージアム蔵（ニューヨーク）

現存最古のタロットのひとつで
あるヴィスコンティ版では、男
性が獅子をこん棒で退治してい
る。おそらくギリシャ神話の英
雄ヘラクレスの「12の功業」の
最初、ネメアの森の化け物獅子
退治の様子を描いたものだろう。

アルブレヒト・デューラー
《サムソンと獅子》

1497-98頃　木版
クリーブランド美術館蔵

ヘラクレスの物語と同様に、旧約聖書に
も獅子を退治するサムソンの物語が伝え
られている。やさしく手なずけるタロッ
トの図像とは対照的に、男性の超人的な
力による悪との闘いが示される。

ヴィスコンティ・ディ・
モドローネ・タロット
〈力〉

Visconti di Modrone Tarot
1445頃　イタリア
イェール大学図書館蔵（ニューヘイブン）

女性が獅子の口に手をかけている
姿を描く、おそらく最も初期の例
ではないだろうか。ヘラクレスの
イメージに「力」の寓意の女性像、
あるいはもしかしたら野獣を手な
ずけるという点で共通するユニコ
ーンと乙女〔50頁〕といった要素
が習合したのかもしれない。

FORTITUDO

名画に見る〈力〉

ジョット・ディ・ボンドーネ
《7つの美徳》より
〈剛毅〉

1304-05　フレスコ壁画
スクロヴェーニ礼拝堂蔵(パドヴァ)

力や勇気を意味する「剛毅」も伝統的に女性の姿で表されてきた。鎧をまとった彼女は鋭い視線を右側に向け、攻撃に備えている。巨大な盾には勇気を象徴する獅子の浮彫が施されている。

ローゼンワルド・シート
〈力〉

Rosenwald Playing Cards
15世紀 イタリア
ナショナル・ギャラリー蔵（ワシントン）

柱と女性という伝統的な「力」
の寓意像が描かれている。番
号が「ⅢⅤ（Ⅷ）」となっている
点にも注目したい（ただし初
期から「力」を「9」など他
の番号に置いた記録もある）。

マンテーニャのタロット
〈剛毅〉

Mantegna Tarot
1530–61頃 イタリア
大英博物館蔵（ロンドン）

ルネサンスの画家マンテーニャに誤っ
て帰せられてきた50枚1組のパック。
1枚の札に獅子が3つも登場する。女
性の頭上、胴の鎧の模様、そして足元
の実際の獅子である。手で強靭な柱を
折り、もう一方の手には独特のかたち
をしたこん棒を持っている。

名画に見る〈力〉

サンドロ・ボッティチェリ
《剛毅》
1470　テンペラ／板　167×87cm
ウフィツィ美術館蔵（フィレンツェ）

数多く表されてきた「剛毅」
の図像の中でもひときわ優
美な姿で知られる本作は、
《春》《ヴィーナスの誕生》で
有名なボッティチェリによ
る。しっかりと武装しなが
らも美しさをたたえる彼女
は、強さ、忍耐という美徳
を備えることの重要性を静
かに語りかけている。

タロッキ・フィーネ・ダッラ・トッレ
〈力〉

Tarocchi Fine dalla Torre
17世紀　イタリア／ボローニャ
フランス国立図書館蔵（パリ）

17世紀のボローニャで制作された
タロットのうち最古のパックのひ
とつ。柱とこん棒を持つ女性とい
う定型の「力」の寓意像が描かれ
る。その優美な姿は力を安定した
かたちで保持しているように見え
る。王冠のような冠が印象的だ。

シャルル6世のタロット
〈力〉

Charles VI Tarot
1475–1500頃　イタリア
フランス国立図書館蔵（パリ）

誤って「シャルル6世のタロット」とさ
れたパックだが、実際には15世紀以降の
作。ここにも柱と女性という「力」の定
型像が見られる。この「力」の女性は、柱
を折っているのだろうか、あるいは折れ
ている柱を支えているのだろうか。

ミテッリ・タロッキ
〈力〉

Tarocchini Mitelli
1660-70頃　イタリア／ボローニャ
フランス国立図書館蔵（パリ）

破損した柱のそばに立つ「力」
の女性像。片方の胸を露わに
しているのが目につく。少し
憂いを秘めたようなその表情
に独特の魅力を感じないだろ
うか。17世紀イタリアのボロ
ーニャの画家ジュゼッペ・マ
リア・ミテッリによって制作
された、62枚からなる「タロッ
キーニ」と呼ばれるパックで、
通常のタロットとは異なり、ギ
リシャ神話の人物も象徴とし
て描かれている。

La Force

ミンキアーテ版
〈力〉

Minchiate Tarot
1860–90頃　イタリア／フィレンツェ
フランス国立図書館蔵（パリ）

VII

フランソワ・ド・ポワリーの
ミンキアーテ版
〈力〉

Minchiate Tarot by François de Poilly
1658–93　フランス
フランス国立図書館蔵（パリ）

左のミンキアーテ版は16世紀のフィレ
ンツェで生まれた97枚セットのタロッ
トパック。定型的な「力」像であるが、
17世紀フランスの版画家ポワリーによ
るミンキアーテ版では「力」が柱を軽々
と運んでいるのが特徴的だ。

名画に見る〈力〉

ピーテル・パウル・ルーベンス
〈ヘラクレスとネメアの獅子〉

17世紀　油彩／カンヴァス
ルーマニア国立美術館蔵
（ブカレスト）

「ネメアの獅子」はヘラクレスの12の功業の冒頭を飾る物語。素手で獰猛な獅子の首を絞める英雄の筋骨隆々とした身体表現はルーベンスの真骨頂。彼が退治した獅子は天に上げられ、獅子座となった。

チェーザレ・リーパ著『イコノロジーア』
(1603／ローマ版　鏡リュウジ蔵）より
《高邁で高潔な大胆さ》

ルネサンス時代の寓意図像事典に
見る「高邁で高潔な大胆さ」の図
像。獅子の舌を若者が引き抜くさ
まがタロットの「力」と類似する。
その中性的な姿は女性にも見える。

獅子を手なづける若者は
タロットの「力」を想起させる

作者不明のパリジャンのタロット
〈力〉
Tarot Anonyme de Paris
1600–50頃　フランス／パリ
フランス国立図書館蔵（パリ）

女性的な人物が獅子の舌を引き
抜こうとしているように見える。
他のタロット札の人物像より険
しい表情が目を引く。片足は柱
を力強く踏みつけている。

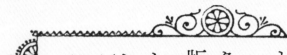

マルセイユ版タロットの世界

文・夢然堂

ルノーのブザンソン版〈力〉

The Besançon Tarot by Renault
19世紀前半　フランス／ブザンソン　夢然堂蔵

札名 "force" は広い意味で「力」を表す語だが、四元徳のひとつ「剛毅」の意味も持っている。鍔広の帽子を被った女性が、ライオンらしき獣に乗って口に手を掛ける姿。そのデザインの源をたどればギリシャ・ローマ神話のヘラクレスや旧約聖書のサムソンなどの男性に行き着くが、女性に変化したのは「剛毅」を表す語が女性名詞ゆえであろうか。

大きな口を開けた獣は、キリスト教美術によく見られる「地獄の口」も連想させる。マルセイユ版より古い「作者不明のパリジャンのタロット」では、「塔」札に相当する切札に現れていたモチーフである〔第9巻・13頁〕。15世紀フランスでは、「剛毅」徳が塔からドラゴン、いわば地獄の魔物を引っ張り出す姿で描かれることがままあった。意外な札同士に隠れたつながりが見出せるのも、またタロットの面白さのひとつである。

46

ルヴァンのニコラ・コンヴェル版〈力〉
Tarot of Marseilles by Nicolas Conver
1860年代頃　フランス／マルセイユ　夢然堂蔵

カモワンのニコラ・コンヴェル版〈力〉
Tarot of Marseilles by Nicolas Conver
19世紀末　フランス／マルセイユ　夢然堂蔵

＊各パックについては第1巻「愚者・奇術師」〔17〜19頁〕で解説

ミュラー版〈力〉

Tarot of Marseilles by J. Muller
19世紀末頃　スイス／シャフハウゼン　夢然堂蔵

ヴィアッソーネのピエモンテ版〈力〉

Piedmont Tarot by Alessandro Viassone
1900年前後 (?) イタリア／トリノ 夢然堂蔵

名画に見る〈力〉

ドメニキーノ
《乙女と一角獣》
1602頃　フレスコ壁画
ファルネーゼ宮殿蔵（ローマ）

獰猛な生き物を手なづける逸話は、聖母マリアまたは乙女とユニコーン（一角獣）の図像としても表されてきた。ユニコーンにやさしく触れる乙女の姿は、獅子をおとなしくさせるタロットの「力」のイメージと重なる。

グラン・エテイヤ
（タロット・エジプシャン）
〈力〉

Grand Etteilla or Tarot Égyptien
1875-99頃　フランス／パリ
鏡リュウジ蔵

18世紀末の占い師エテイヤが史上初めて制作した「占い専用タロット」では、獅子を膝の上で手なずける女性が描かれる。帯にはエジプトの知性の神「トート」の文字が見える。「ダビデ」というタイトルもつけられている。これはおそらく、聖書でダビデ王が"ユダ族から出た獅子"と呼ばれたことに関連すると思われる。

オズヴァルト・ヴィルト・タロット
〈力〉

Oswald Wirth Tarot
1889　フランス／パリ
フランス国立図書館蔵（パリ）

19世紀末のオカルト主義者オズヴァルト・ヴィルトによる「力」札。「穏やかで繊細であるだけに、いかなる怒りや暴力の爆発より抗いがたい、女性的な力の行使」とこの札は解説される。

名画に見る〈力〉

ルカ・ジョルダーノ
《剛毅の寓意》

1680年代初頭
油彩／カンヴァス　95×99.2㎝
ナショナル・ギャラリー蔵（ロンドン）

地面にうずくまる男性は恐怖を、横たわる女性はおそらく災難を表しているのだろう。頂上に座する「勝利」、その下の「平和」、獅子に腰掛ける「剛毅」とその背後の「忍耐」により、不屈の精神がたたえられている。

ウェイト゠スミス版
〈力〉

Waite-Smith Tarot
1910　イギリス／ロンドン　夢然堂蔵

20世紀以降のタロット文化に決定的な影響を与えたウェイト゠スミス版。伝統的な帽子はレムニスカート（無限大のシンボル＝∞）に変化している。またこの「力」の擬人像は花輪を獅子にかけているとウェイトは言っている。それは世俗的な意味での自信ではなく、神のうちに避難所を見出す力を表すという。

現代のタロット／力

Contemporary Tarot Artworks / Strength

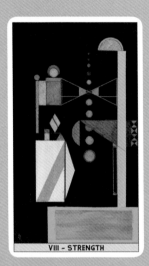

VIII – STRENGTH

01.

アブストラクト・フューチャーズ・
タロット

ABSTRACT FUTURES TAROT
by Hilma's Ghost
©Sharmistha Ray and Dannielle Tegeder, 2021

🌐 hilmasghost.com
📷 hilmasghost

アブストラクト・アートをベースにし
た大変ユニークなタロット。幾何学模
様をベースにした構図のこのタロット
は、互いに近接して並べることで新た
なアートがそのたびに現れるようだ。

02.

木村了子／KIMURA Ryoko
《鰐虎図屏風「俺たちアジアの虎」》

Crocodile and Tiger "We are Asian Tigers"

2009/21　六曲一双屏風／紙本銀地着彩
242×439㎝　作家蔵

日本画家・木村了子氏による男性版
「美人画」の作品。本来タロットとし
て描かれたものではないが、作家本
人もタロットの1枚とみなせると考
えているようだ。通例の獅子が白虎
となり美しい男と寄り添っている。

8

strength

03.

アヴィソムニア・タロット

Avisomnia Tarot by Orla Bird

🌐 orlabird.com
📷 orla_bird

シンプルでありながらリッチなシン
ボリズムに満ちた現代的タロット。
「力」のカードでは無限大の記号と眼
のある手が糸で結ばれ、またその手
からは根が生えているようだ。

04.

タザマ・アフリカン・タロット

*Tazama African Tarot by Safara Wanjagi,
published by Abusua Pa*

🌐 tazamaafricantarot.com
📷 tazamaafricantarot

ケニア出身のサファラ・ワンジャギと
出版社 Abusua Pa の共作による「カルチ
ュラル・タロット」のひとつ。アフリ
カの自然と文化をタロットの表象とし
て取り上げている。ライオンの背景の
美しい花とアフリカ女性の姿が魅力的。

VIII

∞

STRENGTH.

近現代絵画に見る
力
——女性と猛獣が象徴する
多様な「力」のかたち

文・千田歌秋

　力にも様々な強さがあって、肉体的な屈強さが他を圧倒することもあれば、勇気や堅忍など精神的な強靭さが他を凌駕することもある。弱者の力が強者の力を上回る場合も、力ある者が力なき者にあえて従うこともあるだろう。

　バーカーは、魔女キルケーと彼女の魔法で獣に変えられた冒険者たちを描いた。怠惰に寝転ぶ猛獣たちはむしろ弱さの象徴で、男ともを支配する女性の魅力と才能こそが、力の象徴である。

　擬人化された動物の絵を数多く残したチャーチ。この虎が表すのは、弱者を守ろうとする固い意志と忠誠心の力で、女性と花が表すのは、高貴な精神が持つ純粋さと優しさによる力である。

ライト・バーカー
《キルケー》
1889頃　油彩／カンヴァス　138×188cm
カートライト・ホール美術館蔵（ブラッドフォード）

フレデリック・ステュアート・チャーチ
《女性と虎》
1900　水彩　47.6×38.1cm
スミソニアン・アメリカ美術館蔵（ワシントン）

57

力からの
メッセージ

★ 穏やかに、真心をもって行動を ★

たおやかな女性が荒々しい獅子を
手なずけている様子が描かれているのが一般的。
「力」というタイトルであったとしても、
力任せに相手や対象を組み伏せるパワーではない。
むしろ穏やかに、ソフトに相手を
懐柔していくような姿勢を示している。
北風と太陽の説話ではないが、
真心をもってソフトに接していけば
状況を動かすことができるかもしれない。
またこのカードは自分の内なる獣性や野性、
あるいは衝動的な面を制御していることをも示している。
人物としては内柔外剛の人を意味する。
表面的な柔和さの奥に秘められた強さにも
目を向けるようにしよう。

Love / 恋愛

相手を忍耐強く見守る。
優しくソフトに、しかし自分の芯は
ぶれないようにして相手に接するとよい。
また相手はおとなしそうに見えて芯の強さを持っている人。
丁寧に相手の気持ちに耳を傾けること。
寛容に相手を受け止める。自分と相手の欠点を受容する。

Work / 仕事

強い意志を持って最後までやり遂げようとする。
困難や試練があったときには、焦らず、
しなやかに対応していくことが重要。
課題があったとしても逃げないこと。
あと少しで光が見えてくる。前向きになることができる。

Relationship / 対人関係

最初、難しい関係にあった人にも優しく、
真摯に接していけば関係性が改善していく。
大人の対応ができるようになる。
一方で、甘やかすだけではいけない。
自分の中に強い意志を持つことが重要。
優しい言葉で相手を思いやり、しかし骨太に接する。

T・S・エリオットとウェイト゠スミス版タロット　伊藤博明

1922年の12月、「4月はもっとも残酷な月……」で始まる、20世紀モダニズム詩の金字塔、T・S・エリオットの『荒地』がロンドンで刊行された。「I 死者の埋葬」の43行目以下では次のように歌われている。

ソソストリス夫人は有名な占い師で
ひどい風邪をひいていたが、
それでもやはり
ヨーロッパ随一の賢い女と
知られていて
突飛な一組のカードを手にしていた。
ほら、と彼女は言った。
これがあなたのカード、
水死したフェニキアの船乗りよ。

　占い師が手にする「突飛な一組のカード」とは、タロット・カードのことである。ソソストリス夫人は、依頼者に次々とカードを指し示す。ベラドンナ（岩窟の女、急場の女）、三本

の棒を伴う男、〈車輪〉、片目の商人、何も書いていないカード、そして見つからない〈首吊り男〉、輪になって歩く一群の人々。

　エリオットは自註において、「私はタロット・カードの正確な構成についてよくは知らないが、それから明らかに逸脱して、自分の都合のいいように利用している」と述べている。実際に、現行の大アルカナに属するものは、〈車輪〉（運命の輪）と〈首吊り男〉（吊られた男）だけである。

　それでは、エリオットはどこからタロットの知識を得たのだろうか。19世紀の後半から20世紀にかけて、フランスに比べるとイギリスがとくにタロットに熱狂していたとは思われない。しかし、1909年（奥付は1910年）、すなわち『荒地』刊行の13年前にロンドンで、20世紀においてもっとも影響力をもつことになるタロット・カードの祖型が出版されていた。

それは、「黄金の夜明け団」に属していたオカルト学者アーサー・エドワード・ウェイトによる『タロットへの図像学的鍵』と、パメラ・コールマン・スミスの作画による78枚のタロット・カードのパックである。現在も同パックは、さまざまな変容は被りながらも、「ウェイト゠スミス版」の名称のもとに、スタンダードなタロット・カードとして絶大な人気を博している。

このタロットを参照するならば、上記の「三本の棒」を手にする男は、小アルカナの「棒の3」に登場する。エリオットはこの人物を聖杯伝説の〈漁夫王〉と結びつけているが、ウェイトによれば、堂々とした男が海岸から海を見渡し、通り過ぎてゆく船団を眺めており、確立した力、進取の気性、努力、貿易、商業、発見を意味する。一方、「片目の商人」は小アルカナの「金貨の6」に対応してい

る（横顔で描かれるので「片目」である）。ウェイト版では、左手に天秤をもった人物が右手で貧者に施しをしており、贈物、贈与、褒賞を意味する。

エリオットは『荒地』の中で、タロットをたんなるエピソードとして取り上げているのではない。タロットは、この詩において重要なプロットとして組み込まれており、ソソストリス夫人の予言は、そののちの詩の中で実現されるのである。ヨーロッパの伝統からの脱却を図るモダニスト詩人（1948年にノーベル文学賞受賞）と、古代の叡智を引き継ぐタロットの組み合わせは奇異に思われるが、そこにタロットがもつ根源的な創造力を見いだすことができるだろう。

（いとう・ひろあき　宗教象徴学／専修大学文学部教授）

切札一覧（大アルカナ）

- ＊図版はすべて、ウェイト＝スミス版（1910、イギリス／ロンドン、夢然堂蔵）。
- ＊掲載順は伝統的なマルセイユ版に基づき、第8番を「正義」（第5巻）、第11番を「力」（第6巻）とした。
- ＊数札・人物札（小アルカナ）は第12巻に掲載。

0 愚者
The Fool〔第1巻〕

1 奇術師
The Magician〔第1巻〕

6 恋人
The Lovers〔第4巻〕

7 戦車
The Chariot〔第4巻〕

8 正義
Justice〔第5巻〕

9 隠者
The Hermit〔第5巻〕

14 節制
Temperance〔第8巻〕

15 悪魔
The Devil〔第8巻〕

16 塔
The Tower〔第9巻〕

17 星
The Star〔第9巻〕

2 女教皇
The High Priestess〔第2巻〕

3 女帝
The Empress〔第2巻〕

4 皇帝
The Emperor〔第3巻〕

5 教皇
The Hierophant〔第3巻〕

10 運命の輪
Wheel of Fortune〔第6巻〕

11 力
Strength〔第6巻〕

12 吊られた男
The Hanged Man〔第7巻〕

13 死神
Death〔第7巻〕

18 月
The Moon〔第10巻〕

19 太陽
The Sun〔第10巻〕

20 審判
Judgement〔第11巻〕

21 世界
The World〔第11巻〕

鏡 リュウジ（かがみ・りゅうじ）

占星術研究家、翻訳家。1968年、京都府生まれ。国
際基督教大学卒業、同大学院修士課程修了（比較文
化）。英国占星術協会会員、日本トランスパーソナ
ル学会理事、東京アストロロジー・スクール主幹。
平安女学院大学客員教授、京都文教大学客員教授。
著書に『鏡リュウジの実践タロット・リーディング』
『タロットバイブル78枚の真の意味』（以上、朝日
新聞出版）、『タロットの秘密』（講談社）、『はじめて
のタロット』（ホーム社）、訳書に『ユングと占星
術』（青土社）、『神託のタロット ギリシアの神々が
深層心理を映し出す』『ミンキアーテ・タロット』
（以上、原書房）など多数。『ユリイカタロットの世
界』（青土社）責任編集も務める。

夢然堂（むぜんとう）

古典タロット愛好家。『ユリイカタロットの世界』
（青土社）では、『『マルセイユのタロット』史　概
説」と「日本におけるタロットの受容史」を担当。そ
の他、国内外の協力作品や企画多々。第4回国際タ
ロット賞選考委員。福岡県在住。

千田歌秋（せんだ・かあき）

東京麻布十番の占いカフェ＆バー燦伍（さんご）の
オーナー占い師およびバーテンダー。著書に『はじ
めてでも、いちばん深く占えるタロット READING
BOOK』（学研プラス）、『ビブリオマンシー 読むタ
ロット占い』（日本文芸社）がある。

写真協力：夢然堂／鏡リュウジ／アフロ（Bridgeman Images）

アルケミスト双書　タロットの美術史〈6〉

運命の輪・力

2024年3月10日　第1版第1刷発行

著者	鏡 リュウジ
発行者	矢部敬一
発行所	株式会社 創元社　https://www.sogensha.co.jp/
本社	〒541-0047 大阪市中央区淡路町4-3-6 Tel.06-6231-9010　Fax.06-6233-3111
東京支店	〒101-0051 東京都千代田区神田神保町1-2 田辺ビル Tel.03-6811-0662（代）
印刷所	図書印刷 株式会社
装幀・組版	米倉英弘・鈴木沙季（細山田デザイン事務所）
編集協力	関 弥生

©2024 Ryuji Kagami, Printed in Japan　　ISBN 978-4-422-70166-0 C0371